Inhalt

Meine ersten Wörter und Sätze

ITALIENISCH

von Angela Wilkes
Bilder von John Shackell

INHALT

arsEdition

Dieses Buch

Eine Reise ins Ausland macht viel mehr Spaß, wenn du verstehst, was die Leute sagen. Eine Sprache zu lernen ist viel einfacher als du denkst. Mit diesem Buch lernst du Italienisch, wie du es jeden Tag brauchen kannst.

Du lernst zu sagen

wer du bist

wo du herkommst

wie viel Uhr es ist

was du magst

wie man nach dem Weg fragt

und was du einkaufen willst

Und so funktioniert es:

Comics zeigen dir, was man in bestimmten Situationen sagt. Lies die Texte in den Sprechblasen. Probiere aus, wie viel du verstehst; dann sieh die Wörter nach, die du nicht kennst. Wörter und Ausdrücke werden oft wiederholt. So prägen sie sich dir leichter ein. Das Buch fängt mit ganz einfachen Ausdrücken an und wird gegen Ende schwieriger.

Neue Wörter

Auf jeder Doppelseite findest du einige neue Wörter aufgelistet und deutlich abgesetzt. So kannst du sie beim Weiterlesen leicht finden. Hast du einmal ein Wort vergessen, dann schau einfach in die Wortliste (S. 46-48). Wenn ein Wort mit einem Sternchen gekennzeichnet ist: siehe unterer Seitenrand.

Sprachregeln

In Kästchen wie diesem wird erklärt, wie italienische Wörter und Sätze gebildet werden. Es macht nichts, wenn du nicht alles auf Anhieb verstehst. Alle Sprachformen werden häufig wiederholt. Im Übrigen findest du auf den Seiten 42 und 43 eine Zusammenfassung aller in diesem Buch erwähnten Sprachregeln.

Aussprache

Auf Seite 41 erklären wir anhand von Beispielen, wie das Italienische ausgesprochen wird. Dann ein Vorschlag: Höre italienische Radioprogramme und Popmusik, sooft du kannst.

Übungen

Im ganzen Buch findest du kleine Aufgaben, die dir helfen, dein Italienisch zu üben. Auf den Seiten 44 und 45 kannst du überprüfen, ob deine Antworten richtig waren.

Was du sonst noch tun kannst

Schreibe alle neuen Wörter in ein Vokabelheft und lerne jeden Tag ein paar davon. Fünf oder zehn Minuten genügen. Wiederhole die gelernten Wörter ab und zu. Vielleicht kannst du jemanden bitten, dich gelegentlich abzuhören oder, noch besser, mit dir zusammen Italienisch zu lernen. Dann könnt ihr miteinander üben. Unterhaltet euch möglichst viel auf Italienisch! Keine Angst vor Fehlern!

„Hallo“ und „Auf Wiedersehen“

Zuerst solltest du wissen, wie man sich begrüßt. Auf dieser Doppelseite findest du verschiedene Möglichkeiten.

Im Italienischen ist es höflicher **signora** oder **signorina** hinzuzufügen, wenn man eine Dame oder ein Fräulein begrüßt, die oder das man nicht kennt. Das Wort für Herr ist **signore.**

«Ciao»

So begrüßt man seine Freunde.

Dies ist die höflichere Form und bedeutet „Guten Tag“.

So sagt man „Guten Abend“.

„Auf Wiedersehen“

Ciao heißt sowohl „Auf Wiedersehen“ als auch „Hallo“.

Zwei verschiedene Möglichkeiten, um „Auf bald“ zu sagen.

„Gute Nacht“

Vor dem Schlafengehen sagt man: «**Buona notte**».

Wie gehts?

So begrüßt man jemanden und fragt: Wie gehts?

Diese Person sagt gerade, dass es ihr gut geht, danke ...

... dieser Mann findet, dass die Dinge nicht zum Besten stehen.

Come stai?

Hier siehst du verschiedene Möglichkeiten, auf die Frage **Come stai?** zu antworten. Was, glaubst du, wird jeder dieser Leute auf dem Bild nebenan antworten, wenn du fragst, wie es ihm geht?

molto bene	sehr gut
bene	gut
benino	ganz gut
non molto bene	nicht gut
molto male	furchtbar

Wie heißt du?

Möchtest du wissen, wie du dich selbst und deine Freunde vorstellen kannst? Die Comics auf dieser Seite zeigen es. Lies die Texte in den Sprechblasen, dann kannst du die Fragen auf der nächsten Seite beantworten.

Neue Wörter

io*	ich
tu*	du
lui*/lei*	er, sie (Singular)
loro*	sie (Plural)
come ti chiami (tu)?	wie heißt du?
come si chiama (lui/lei)?	wie heißt er/sie?
come si chiamano loro	wie heißen sie
io mi chiamo	ich heiße
lui si chiama	er heißt
lei si chiama	sie heißt
loro si chiamano	sie heißen
chi è lui/lei?	wer ist er/sie?
chi è quello/quella	wer ist das? (m/w)
questo/questa è	das ist (m/w)
il mio amico	mein Freund
la mia amica	meine Freundin
e tu?	und du?
sì/no	ja/nein

Chi è?

Wenn du im Italienischen fragen möchtest, „wer ist das?“, „wer ist er/sie?“, „wer ist es?“ oder auch „wer ist wer?“, so fragst du einfach nur **chi è?**

Freunde vorstellen

*Im Italienischen werden diese Wörter oft weggelassen.

Wie heißen sie?

Kannst du diese Fragen auf Italienisch beantworten?

Wer ist wer?

Kannst du die Fragen unter dem Bild beantworten?

Wer spricht mit Gianni?
Wer spricht mit Valeria?

Wer heißt Michele?
Wer spricht mit ihm?

Wer heißt Anna?
Wer geht nach Hause?

Erinnerst du dich?

Wie würdest du jemanden nach seinem Namen fragen?
Wie würdest du dich selber vorstellen?

Du hast eine Freundin mit Namen Valeria.
Wie würdest du sie jemand anderem vorstellen?
Wie würdest du einer anderen Person sagen, dass dein Freund Daniele heißt?

Wie die Dinge heißen

Alle Gegenstände auf diesem Bild sind mit ihrem Namen bezeichnet. Versuche diese Wörter zu lernen. Auf der folgenden Seite kannst du dich überprüfen.

Il-, lo-, l'- und la-Wörter

Italienische Hauptwörter sind maskulin (männlich) oder feminin (weiblich); die Artikel **il** oder **lo** stehen vor maskulinen Hauptwörtern, **la** vor femininen (f) und **l'** vor allen Wörtern, die mit einem Vokal beginnen.* „Ein" heißt **un** vor männlichen **il-** oder **l'**-Wörtern, **una** vor **la**-Wörtern, **un'** vor weiblichen **l'**-Wörtern.

il sole	die Sonne	**il garage**	die Garage	**lo steccato**	der Zaun
il tetto	das Dach	**il fiore**	die Blume	**la casa**	das Haus
il gatto	die Katze	**il comignolo**	der Schornstein	**la finestra**	das Fenster
il cane	der Hund	**l'albero (m)**	der Baum	**la porta**	die Türe
il nido	das Nest	**l'uccello (m)**	der Vogel	**la macchina**	das Auto

*Lerne Hauptwort und Artikel immer gemeinsam.

Namen und Wörter erfragen

Es macht nichts, wenn dir einmal ein italienisches Wort fehlt. Du kannst ja fragen. Hier ist eine kleine Liste mit nützlichen Sätzen, die dir dabei helfen werden. Wie man sie anwendet, zeigen die Bilder.

che cos'è?	was ist das?
questo è …	das ist … (m)
questa è	das ist … (f)
anche	auch
come si chiama	wie heißt das
in italiano	auf Italienisch
in tedesco	auf Deutsch

Erinnerst du dich?

Decke die gegenüberliegende Seite zu. Wie heißen diese Dinge auf Italienisch? Vergiss nicht dazuzusagen, ob es **il**-, **lo**-, **l'**- oder **la**-Wörter sind.

Woher kommst du?

Hier steht, wie man Leute danach fragt, woher sie kommen und ob sie Italienisch sprechen.

Neue Wörter

da* dove vieni?	woher kommst du?
io vengo da ...	ich komme aus ...
dove abiti?	wo wohnst du?
io abito a ...	ich wohne in ... (Stadt)
io abito in ...	ich wohne in ... (Land)
tu parli ...?	sprichst du ...?
io parlo	ich spreche
un poco	ein bisschen
italiano	italienisch
inglese	englisch
tedesco	deutsch
ecco	hier ist (da sind)
noi	wir
voi	ihr (Plural)

Länder

la Svizzera	Schweiz
l'Italia (f)	Italien
la Germania	Deutschland
l'Inghilterra (f)	England
la Francia	Frankreich
l'India (f)	Indien
la Scozia	Schottland
l'Austria (f)	Österreich
la Spagna	Spanien
l'Ungheria (f)	Ungarn

Sprichst du Italienisch?

***Da** bedeutet „von". **Dalla** bedeutet „von" bei femininen Wörtern; wenn ein feminines Wort mit einem Vokal beginnt, wird **dalla** zu **dall'**. **Io vengo dall'Austria** („Ich komme aus Österreich").

Wer kommt woher?

Hier siehst du die Teilnehmer eines internationalen Tanzturniers. Der Ansager spricht nur Deutsch. Deshalb ist ihm entgangen, wo die Teilnehmer herkommen. Kannst du ihm helfen? Seine Fragen stehen unter den Bildern. (Die Antworten findest du auf S. 44.)

Woher kommt Franz?
Wie heißen die indischen Teilnehmer?
Ist Lolita Italienerin oder Spanierin?
Gibt es einen schottischen Bewerber?
Woher sind Marie und Pierre?
Wer lebt in Budapest? Wo liegt Budapest?

Verben*

Auch italienische Verben verändern sich entsprechend der Person, die etwas tut. Die meisten Verben, die auf **-are** und **-ire** enden, ändern sich nach demselben Schema:

parlare	sprechen	**venire**	kommen
io parlo	ich spreche	**io vengo**	ich komme
tu parli	du sprichst	**tu vieni**	du kommst
lui/lei parla	er/sie spricht	**lui/lei viene**	er/sie kommt
noi parliamo	wir sprechen	**noi veniamo**	wir kommen
voi parlate	ihr sprecht	**voi venite**	ihr kommt
loro parlano	sie sprechen	**loro vengono**	sie kommen

Erinnerst du dich?

Wie fragst du jemanden, woher er kommt?
Kannst du sagen, woher du kommst?
Wie sagst du, dass du Italienisch sprichst?
Wie fragst du jemanden, ob er Italienisch spricht?

*Über Verben findest du mehr auf der Seite 43.

Mehr über dich selbst

Hier steht, wie du sagst, wie alt du bist und ob du Geschwister hast.
Du gibst dein Alter an, indem du feststellst, wie viele Jahre du „hast". Bist du 10 Jahre alt, so sagst du:
Io ho dieci anni.

Neue Wörter

quanti anni hai?	wie alt bist du?
io ho cinque anni	ich bin fünf Jahre alt
tu hai...?	hast du...? hier = bist du?
io ho	ich habe hier = ich bin
io non ho	ich habe kein...
nessun(o)/ nessuna	keinen/ keine
il fratello	der Bruder
la sorella	die Schwester
quasi	fast
non né...né	weder...noch
ma	aber

Mehrzahl (Plural)

Die Mehrzahlform italienischer Hauptwörter und Artikel wird so gebildet: **Maskulinwörter: il** wird zu **i**, **lo** und **l'** werden zu **gli** und der letzte Buchstabe des Hauptwortes wird zu **-i. Femininwörter: la** und **l'** werden zu **le** und der letzte Buchstabe des Hauptwortes ist ein **-e***.

Zahlen**

1 uno	**11 undici**
2 due	**12 dodici**
3 tre	**13 tredici**
4 quattro	**14 quattordici**
5 cinque	**15 quindici**
6 sei	**16 sedici**
7 sette	**17 diciassette**
8 otto	**18 diciotto**
9 nove	**19 diciannove**
10 dieci	**20 venti**

Wie alt bist du?

Hast du Geschwister?

*Mehr zum Plural auf den Seiten 42 und 43. **Auf Seite 40 findest du eine komplette Zahlenliste bis 2000.

Wie alt sind sie?

Lies, was die Kinder sagen. Weißt du jetzt, wie alt sie sind?

Wer hat welche Geschwister?

Unten steht, wie viele Geschwister diese Kinder haben. Findest du heraus, wer zu wem gehört? (Auf Seite 44 wird es verraten.)

Diana e Silvia hanno un fratello e due sorelle.

Paola ha tre sorelle e due fratelli.

Michele ha cinque sorelle, ma nessun fratello.

Luca ha un fratello, ma nessuna sorella.

Giulio non ha né fratelli né sorelle, ma ha un cane.

Hilfsverben

avere	haben
io ho	ich habe
tu hai	du hast
lui/lei ha	er/sie hat
noi abbiamo	wir haben
voi avete	ihr habt
loro hanno	sie haben

essere*	sein
io sono	ich bin
tu sei	du bist
lui/lei è	er/sie ist
noi siamo	wir sind
voi siete	ihr seid
loro sono	sie sind

* **Essere** wird auf der nächsten Seite gebraucht; es wird dir vielleicht helfen, wenn du dieses wichtige Verb gleich mitlernst.

Deine Familie

Auf den folgenden zwei Seiten findest du viele Wörter, mit denen du deine Familie beschreiben kannst. Außerdem lernst du, was „mein" und „dein" heißt.

Wer ist wer?

Neue Wörter

la famiglia	die Familie	**la zia**	die Tante	**magro/magra**	dünn (m/f)
il nonno	der Großvater	**i nonni**	die Großeltern	**vecchio/vecchia**	alt (m/f)
la nonna	die Großmutter	**i genitori**	die Eltern	**giovane (m/f)**	jung
il padre	der Vater	**alto/alta**	groß, hoch (m/f)	**biondo/bionda**	blond (m/f)
la madre	die Mutter	**basso/bassa**	klein (m/f)	**castano/castana**	kastanienbraun (m/f)
lo zio	der Onkel	**grasso/grassa**	dick (m/f)	**affettuoso/a**	freundlich (m/f)

„Mein" und „dein"*

werden im Italienischen meistens **mit** Artikel gebraucht: **la mia famiglia**. Beide Wörter ändern sich mit Geschlecht und Zahl des Bezugswortes:

	mein	dein
il-Wörter	**(il) mio****	**(il) tuo****
la-Wörter	**(la) mia**	**(la) tua**
i-Wörter	**(i) miei**	**(i) tuoi**
le-Wörter	**(le) mie**	**(le) tue**

*Zu „mein" und „dein" findest du mehr auf den Seiten 42-43.

Gebrauche **il vor **mio** und **tuo** und auch, wenn es sich auf ein **lo**-Wort bezieht, z.B. **lo steccato, il mio steccato.**

Wie du deine Familie beschreibst

Eigenschaftswörter (Adjektive)

Italienische Adjektive wechseln ihre Endungen, je nachdem, ob sie ein Maskulin- oder Femininwort beschreiben. Gewöhnlich endet die maskuline Adjektivform auf **-o**, die feminine auf **-a**, z. B. **alto, alta.***
Kannst du jede dieser Personen auf Italienisch beschreiben? Beginne mit **Lui è ...** oder **Lei è ...!**

*Mehr über Adjektive auf der Seite 43.

Bei dir zu Hause

Hier lernst du zu sagen, wo du wohnst und in welcher Umgebung. Außerdem wirst du die Namen der verschiedenen Zimmer eines Hauses kennen lernen.

Neue Wörter

o	oder
la casa	das Haus
l'apparta-mento (m)	die Wohnung
il castello	das Schloss
in città*	in der Stadt*
in campagna	auf dem Land
in riva al mare	am Meer
babbo (papà)	der Vati (der Papa)
mamma	die Mutti, die Mama
nonno	der Opa
nonna	die Oma
il fantasma	das Gespenst
dove siete?	wo seid ihr?
il bagno	das Bade-zimmer
la stanza da pranzo	das Esszimmer
la stanza da letto	das Schlaf-zimmer
la cucina	die Küche
il soggiorno	Wohnzimmer
il piano di sopra	das obere Stockwerk

Wo wohnst du?

Stadt oder Land?

* **In** in der Bedeutung von „in" wird zu **nel** und **nello** vor **il-** und **lo-**Wörtern; zu **nella** vor **la-**Wörtern; zu **nell'** vor **l'-**Wörtern.

Wo stecken sie alle?

Papa kommt nach Hause. Er will wissen, wo sich die verschiedenen Familienmitglieder gerade befinden. Kannst du es ihm sagen?

Z. B. **La nonna è nel soggiorno.** Vielleicht kannst du auch die Fragen unterhalb der kleinen Bilder beantworten! (s. S. 44)

Chi è nella stanza da pranzo?
Chi è in cucina?
Chi è in bagno?
Chi è nella stanza da letto?

Dov'è la mamma?
Dov'è il fantasma?
Dov'è il cane?
Dov'è Piero?
Dov'è il babbo?

Erinnerst du dich?

Wie fragt man jemanden, wo er wohnt? Wie fragst du andere Leute, ob sie in einem Haus oder in einer Wohnung leben? Erinnerst du dich, wie man „in der Stadt" übersetzt? Wie sagst du, dass du im oberen Stockwerk bist? Wie würdest du deiner Familie erzählen, dass du in der Küche bist?

Sachen suchen

Jetzt ist von Einrichtungsgegenständen die Rede, von allerlei merkwürdigen Haustieren und einem verschwundenen Hamster.

Neue Wörter

cercare	suchen
qualcosa	etwas
il criceto	der Hamster
trovare	finden
lo	ihn/es
sopra	auf
sotto	unter
dietro	hinter
davanti a	vor
tra	zwischen
di fianco a	neben/an
il mobile	der Schrank
l'armadio (m)	der Kleiderschrank
la poltrona	der Sessel
la tenda	der Vorhang
la pianta	die Pflanze
lo scaffale	das Regal
la tavola	der Tisch
il tappeto	der Teppich
il divano	das Sofa
la televisione	der Fernseher
il vaso	die Vase
eccolo!	das ist er/es

Er, sie, es

Wenn du auf Italienisch über irgendwelche Dinge sprichst, wird allein durch das Verb deutlich, was du meinst. Das Wort „es" brauchst du nicht. **Dov'è il telefono? È sulla tavola.** Genauso ist es, wenn du über Personen oder Haustiere sprichst. Es gibt Wörter für „er" und „sie" - **lui und lei,** doch gewöhnlich brauchst du nur das Verb allein.

Wo ist der Hamster?

In, auf oder unter?

Achtung: Bei **davanti al, di fianco al** wird **al** vor **lo**-Wörtern zu **allo** bzw. zu **alla** vor einem **la**-Wort und zu **all'** vor einem Wort, das mit einem Vokal beginnt.

Wo verstecken sie sich?

Kannst du Herrn Bianchi sagen, wo sich seine sechs Lieblingstiere verstecken? Verwende die obigen Lagebezeichnungen. (Die Antworten findest du auf Seite 44.)

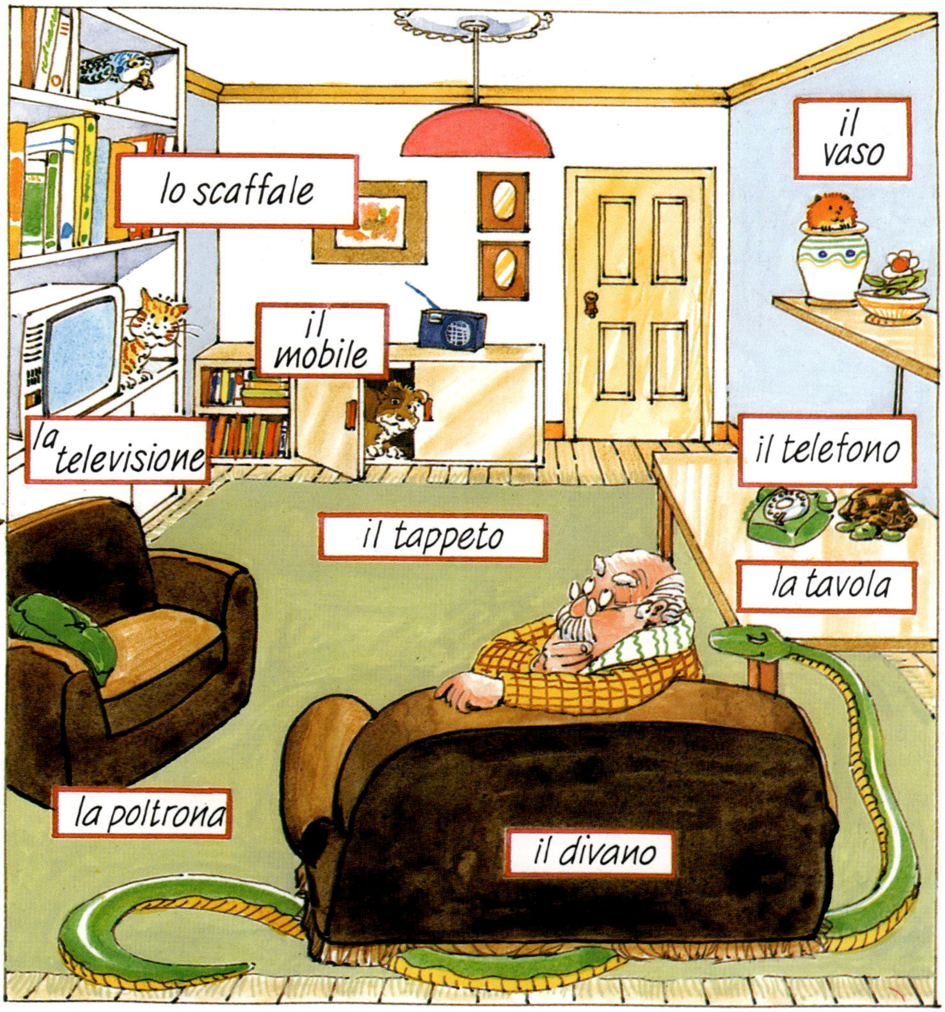

Was möchtest du essen?

Hier lernst du zu sagen, was du magst und was nicht.

Neue Wörter

mi piace	ich mag
ti piace?	magst du …?
non mi piace*	ich mag nicht
cosa …?	was …?
amare	lieben
non … affatto	gar nicht
allora	dann (also)
molto	viel
di più	mehr/ am meisten
io preferisco	ich bevorzuge (ich mag lieber)
soprattutto	besonders
l'insalata (f)	der Salat
il pesce	der Fisch
le patate fritte	die Pommes frites
la torta	der Kuchen
le salsicce	die Würstchen
gli spaghetti	die Spaghetti
mangiare	essen
la pizza	die Pizza
l'hamburger (m)	Hamburger
il riso	der Reis
il pane	das Brot
il formaggio	der Käse
anche a me	ich auch

Was magst du gern?

Was magst du am liebsten?

*Mehr über die Verneinung auf der Seite 43.

Was wird hier gegessen?

Wer mag was?

Wer mag Käse? Wer mag keinen Schinken? Wer mag Trauben lieber als Bananen?

Kannst du auf Italienisch sagen, was du gerne isst und was du nicht besonders magst?

Mi piace, mi piacciono

Die wörtliche Übersetzung des deutschen „ich mag" ist „(es) gefällt mir": **mi piace** oder „(sie) gefallen mir": **mi piacciono.**

mi piace/piacciono	ich mag
ti piace/piacciono	du magst

*__Del, dello__ etc. kann „einige" bedeuten, also übersetzt man **Lei mangia delle patate fritte** mit „Sie isst einige Pommes frites". Hierüber mehr auf Seite 42.

Tischgespräche

Hier erfährst du, was man bei Tisch sagt.

Neue Wörter

a tavola, è pronto	zu Tisch, es ist fertig!
ho fame	ich habe Hunger
anche io	ich auch
serviti	bedien dich
servitevi	bedient euch
buon appetito	guten Appetit
grazie, altrettanto	danke, gleichfalls
mi puoi passare …	kannst du mir … reichen
l'acqua (f)	das Wasser
il pane	das Brot
il bicchiere	das Glas
Lei vuole …?*	möchten Sie …?
ancora	noch mehr
la carne	das Fleisch
sì, grazie	ja, bitte
no, grazie	nein, danke
è abbastanza	das reicht, es ist genug
è buono?	schmeckts?
è delizioso	es schmeckt sehr gut

Das Essen ist fertig

Gibst du mir bitte…

***Lei** bedeutet „Sie" (Singular) und ist die höfliche Anredeform. Mehr darüber auf Seite 23.

Möchten Sie noch etwas?

Wer sagt was?

Hier siehst du verschiedene Leute beim Essen. Weißt du, wie sie sich auf Italienisch ausdrücken würden? Versuchs mal ohne nachzuschauen. (Im Notfall stehts auf Seite 45.)

Carlo sagt, dass er hungrig ist.

Der Koch wünscht dir guten Appetit.

Isabella sagt: „Bedien dich."

Piero bittet jemanden um ein Glas.

Die Oma bietet Carlo mehr Pommes frites an.

Er sagt: „Ja, bitte" und dass er Pommes gerne mag.

Dann sagt er: „Nein, danke, es ist genug."

Marco sagt, dass das Essen sehr gut schmeckt.

Lei

Lei heißt „Sie", und ist die höfliche Anredeform, z. B. für jemanden, den man nicht gut kennt. Auf **Lei** folgt das Verb, z. B.: **Signore, Lei vuole ancora della carne? Signora, Lei vuole ancora delle patate fritte?** (Siehe auch Seite 30.)

Über Hobbys

wird jetzt geplaudert:

Neue Wörter

fare	machen
dipingere	malen
cucinare	kochen
tempo libero	die Freizeit
fare del modellismo	Modelle bauen
ballare	tanzen
leggere	lesen
guardare la televisione	fernsehen
lavorare a maglia	stricken
nuotare	schwimmen
giocare	spielen
lo sport	der Sport
il calcio	der Fußball
il tennis	das Tennis
la musica	die Musik
ascoltare	hören
suonare	Musik machen
lo strumento	das Instrument
il violino	die Violine
il pianoforte	das Klavier
di sera	abends

machen/tun

io faccio	ich tue
tu fai	du tust
lui/lei fa	er/sie tut
noi facciamo	wir tun
voi fate	ihr tut
loro fanno	sie tun

giocare und suonare

Wenn du über eine Sportart oder ein Spiel sprichst, dann bilde den Satz mit **giocare a**, z. B. **Gioco al calcio** („Ich spiele Fußball").
Wenn du ein Instrument spielst, dann verwende das Wort **suonare**, z. B. **Suono il pianoforte** („Ich spiele Klavier").

Was machst du abends?

*e + Vokal = ed

Sportsleute

Musikliebhaber

Was tun diese Leute?

Decke den Rest der Seite zu und versuche zu sagen, was alle diese Leute tun. Sage es auf Italienisch! Z. B. **Lui gioca all calcio** „Er spielt Fußball". (s. S. 45)

*__Degli__ bedeutet hier „mehrere". Auf der Seite 42 kannst du mehr darüber lesen.

Die Uhrzeit

Hier kannst du lernen, wie man auf Italienisch sagt, wie spät es ist. Alle Zahlen, die du nicht kennst, kannst du auf Seite 40 nachschlagen. Im Italienischen gibt es kein Wort für „nach“. Anstelle von „fünf Minuten nach …“ sagen die Italiener **e cinque** („und fünf“); „fünf Minuten vor …“ heißt **meno cinque** („minus fünf“) und wird der Stundenangabe nachgestellt: **sono le nove meno cinque** („es ist fünf Minuten vor neun Uhr“).

Neue Wörter

che ore sono?	wie spät ist es?/ wie viel Uhr ist es?
è l'una	es ist ein Uhr
sono le due	es ist zwei Uhr
meno cinque	fünf Minuten vor
e un quarto	Viertel nach
meno un quarto	Viertel vor
e mezza*	halb (30 Minuten nach)
mezzanotte	Mitternacht
mezzogiorno	Mittag
del mattino	morgens
di sera	abends
all'una	um eins (ein Uhr)
alle due	um zwei (zwei Uhr)
alzarsi	aufstehen
fare colazione	frühstücken
il pranzo	das Mittagessen
la cena	das Abendessen
lui va	er geht
a scuola	zur Schule
a letto	ins Bett

andare (gehen)

io vado	ich gehe
tu vai	du gehst
lui/lei va	er/sie/es geht
noi andiamo	wir gehen
voi andate	ihr geht
loro vanno	sie gehen

Wie spät ist es?

Hier steht, wie man sich nach der Zeit erkundigt.

Es ist…

Sono le nove e cinque.

Sono le nove e un quarto.

Sono le nove e mezza.

Sono le dieci meno un quarto.

Sono le dieci meno cinque.

È mezzogiorno/ mezzanotte.

Die Tageszeit?

Sono le sei del mattino.

Sono le sei di sera.

* „halb eins“ (= „halb nach zwölf Uhr“) wird übersetzt mit: **mezzanotte/mezzogiorno e mezza.**

Marcos Tageslauf

Lies, was Marco den Tag über macht und suche die zu den Bildern passenden Uhrzeiten. (Die richtigen Antworten findest du auf Seite 45.)

a b c d e f g h

1

Marco si alza alle sette e mezza.*

2

Fa colazione alle otto.

3

Alle nove meno un quarto va a scuola.

4

Pranzo a mezzogiorno e mezza.

5

Alle due e dieci gioca al calcio.

6

Alle cinque e un quarto guarda la televisione.

7

Cena alle sei.

8

E va a letto alle otto e mezza.

Wie viel Uhr ist es?

Kannst du jetzt auf Italienisch sagen, wie spät es ist?

*Einige Verben bestehen aus zwei Teilen. Siehe dazu „Reflexive Verben" Seite 43.

Sich verabreden

Das funktioniert so:

Neue Wörter

andiamo ...?	sollen wir .../ fahren
quando?	wann?
martedì	am Dienstag
di mattina	am Morgen
di pomeriggio	am Nachmittag
di sera	am Abend
la piscina	das Schwimmbad
verso	so gegen
a martedì	bis Dienstag
oggi	heute
ci vediamo	auf bald!
domani	morgen
stasera	heute Abend
va bene	in Ordnung
non posso	ich kann nicht
che peccato!	wie schade!
andare a/in	gehen in/auf
il cinema	das Kino
la festa	die Party

Wochentage

la domenica	Sonntag
il lunedì	Montag
il martedì	Dienstag
il mercoledì	Mittwoch
il giovedì	Donnerstag
il venerdì	Freitag
il sabato	Samstag

Tennis

Schwimmen

Ins Kino gehen

Auf eine Party gehen

Dein Merkbuch

Hier ist dein Merkbuch mit allen Terminen dieser Woche. Lies die Eintragungen und versuche dann die Fragen ganz unten links auf Italienisch zu beantworten. (s. S. 45)

Che cosa fai venerdì?
Quando giochi a tennis?
Quando vai al cinema?
Quando suoni il pianoforte?
Che cosa fai domenica?*
A che ora è la festa, sabato?**

a

A bedeutet „in, an, zu, auf, um“: **al cinema** („ins Kino“), **alle otto** („um acht Uhr“). **A** wird zu **al** und **allo** vor **il**- und **lo**-Wörtern; zu **alla** vor **la**-Wörtern, zu **all'** vor **l'**-Wörtern, zu **ai** und **agli** vor **i**- und **gli**-Wörtern; zu **alle** vor **le**-Wörtern.

* **che cosa? / cosa?** = was? ** **a che ora?** = um welche Zeit?

Nach dem Weg fragen

Hier erfährst du, wie du dich nach dem richtigen Weg erkundigen kannst. Dabei musst du zwischen zwei Anredeformen wählen: **tu** und **Lei**, „du" und „Sie". **Tu** sagst du zu einem Freund, **Lei** zu einem fremden Erwachsenen.*

Neue Wörter

scusi	Entschuldigung
prego	bitte schön
qui	hier
là/lì	da drüben
la posta	das Postamt (die Post)
nella piazza del mercato	am Marktplatz
l'albergo (m)	das Hotel
poi	dann
giri …	biegen Sie ab
vada …	gehen Sie
c'è …?	gibt es …?
qui vicino	in der Nähe von
la via, la strada	die Straße
è lontano?	ist es weit?
solo	nur
proprio	gleich
a piedi	zu Fuß
il supermercato	der Supermarkt
di fronte a …	gegenüber
la banca	die Bank
la farmacìa	die Apotheke

Richtungen

Höflich sein

So sagt man „Entschuldigung". Wenn sich jemand bei dir bedankt, ist es höflich, mit **Prego** zu antworten.

Wo ist …?

*Mehr darüber auf Seite 23.

Gibts hier in der Nähe ...?

Ist es weit?

Wichtige Orte

la stazione	una stazione di servizio	i gabinetti	una buca delle lettere
		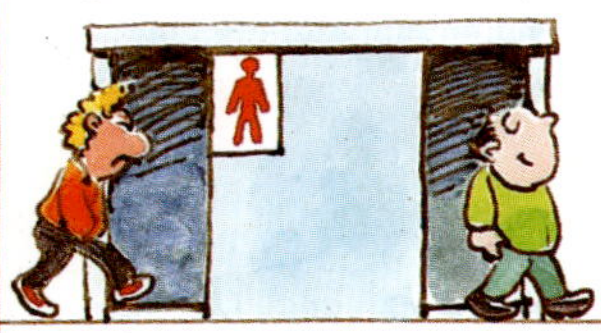	
Bahnhof	Tankstelle	Toiletten	Briefkasten
una cabina telefonica	un campeggio	l'ospedale	l'aeroporto
		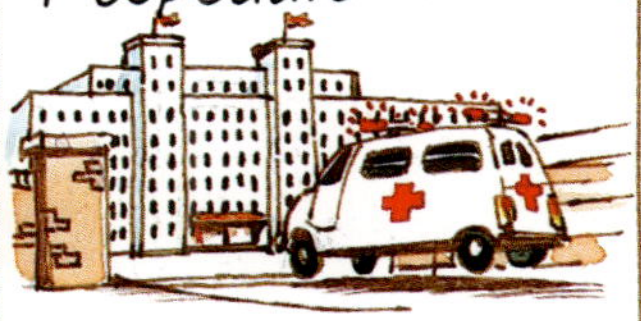	
Telefonzelle	Campingplatz	Krankenhaus	Flughafen

Sich zurechtfinden

Hier steht, wie du nach dem Weg fragst. Wenn du Lust hast, versuche die Fragen auf der gegenüberliegenden Seite zu beantworten. (s. S. 45)

* **Sulla destra, sulla sinistra:** auf der rechten Seite, auf der linken Seite.

Neue Wörter

come si arriva?	wie kommt man zum/zur …?	**fino a …**	bis zum/zur
prenda …	nehmen Sie	**in macchina**	mit dem Auto
continui …	folgen Sie	**la prima strada**	die erste Straße
l'albergo (m) della gioventù	die Jugendherberge	**la seconda**	die zweite
l'ufficio (m) del turismo	das Fremdenverkehrsamt	**la terza**	die dritte
		il municipio	das Rathaus
		la chiesa	die Kirche

prendere nehmen

io prendo	ich nehme	**noi prendiamo**	wir nehmen
tu prendi	du nimmst	**voi prendete**	ihr nehmt
lui/lei prende	er/sie nimmt	**loro prendono**	sie nehmen

Bei Wegerläuterungen verwende **prendere,** z. B. **Prenda la prima a destra.**

Sich in Città di Castello zurechtfinden

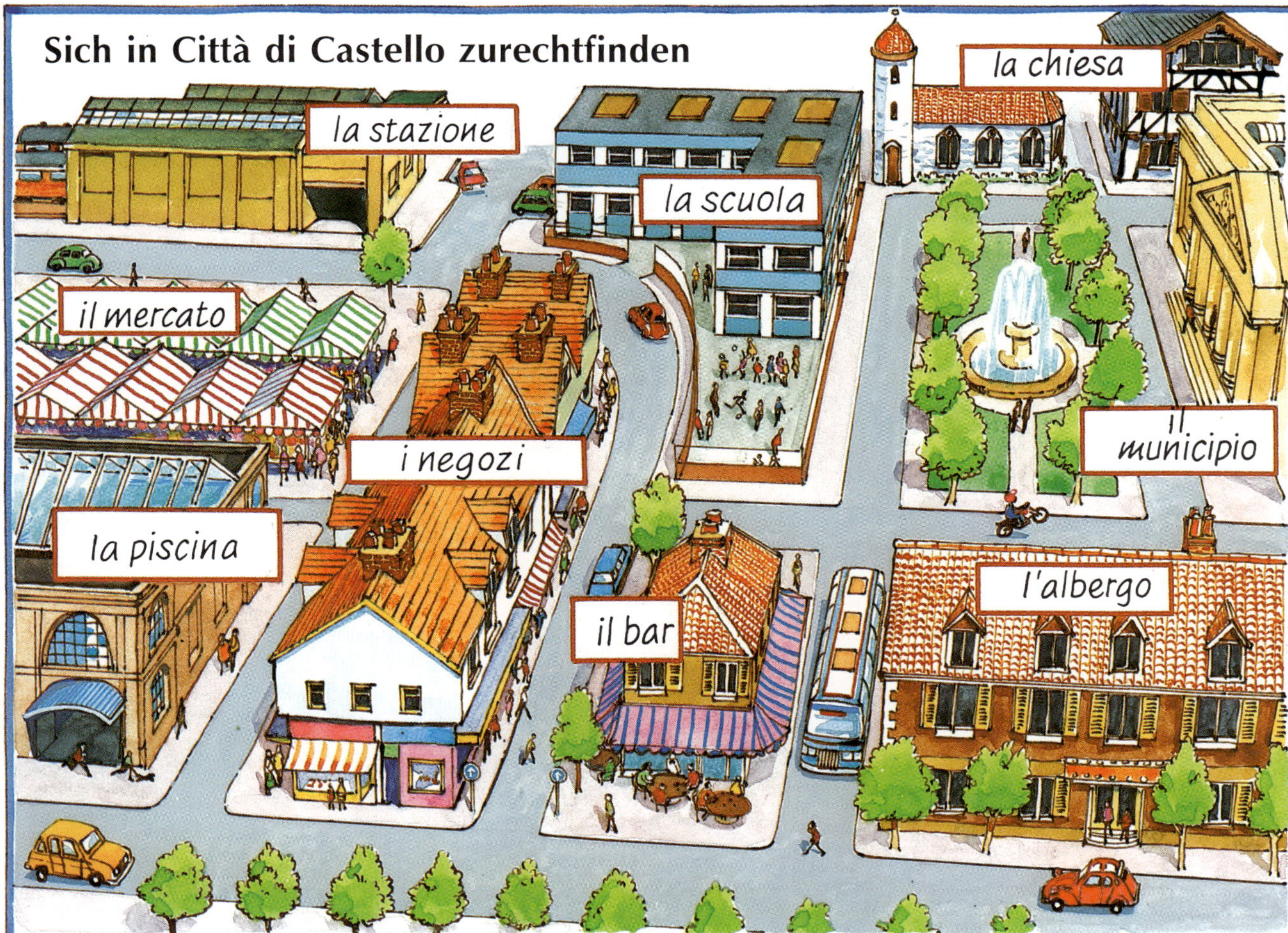

Wie fragst du nach dem richtigen Weg zum Marktplatz? Wie erkundigst du dich, ob es in der Nähe ein Café gibt und ob es weit bis dorthin ist?

Beschreibe dem Fahrer des gelben Wagens den Weg zur Kirche. Beschreibe jemandem den Weg vom Hotel zum Markt. Wohin gelangt das gelbe Auto, wenn sein Fahrer dieser Anweisung folgt: **Prenda la seconda via a sinistra, poi è sulla destra.** (Auf Seite 45 stehts.)

Beim Einkaufen

Hier lernst du, was man beim Einkaufen sagt. Wenn du einen Laden betrittst, solltest du mit «**Buongiorno**» oder, abends, mit «**Buonasera**» grüßen.

Italienisches Geld

Un euro, ein Euro, hat **100 cent**. Auf Preisschildern ist das Wort **euro** mit **EUR** abgekürzt: **300 EUR**. Um zu verstehen, wie viel etwas kostet, musst du die italienischen Zahlen kennen. Sie stehen auf Seite 40.

Neue Wörter

fare la spesa	einkaufen
comprare	kaufen
il panettiere	der Bäcker
il negozio di alimentari	das Lebensmittelgeschäft
il macellaio	der Metzger
il latte	die Milch
l'uovo (m)	das Ei
le uova (f)	die Eier
la frutta	das Obst
la verdura	das Gemüse
la carne	das Fleisch
il panino	das Brötchen
la mela	der Apfel
il pomodoro	die Tomate
desidera?	was darf es sein?
vorrei …	ich möchte (ich hätte gern)
sì, certo	ja, gern
basta così?	ist das alles?
nient'altro?	außerdem? sonst noch etwas?
quant'è/ quanto costa?	was kostet das?
ecco	bitte sehr
un litro	ein Liter
un chilo (kg)	ein Kilo
mezzo chilo	ein Pfund
allora	also

Signora Bonomi geht einkaufen

La signora Bonomi va a fare la spesa.

Compra il pane dal panettiere.

Beim Bäcker

Compra il latte e le uova al negozio di alimentari.

Compra la frutta e la verdura al mercato.

Compra la carne dal macellaio.

Beim Lebensmittelhändler

Auf dem Markt

Einkaufen und bestellen

Natürlich musst du nach Preisen fragen können:

Neue Wörter

costare	kosten
quanto costa/ costano?	was kostet/ kosten?
la cartolina	die Postkarte
l'uva (f)	die Trauben
al chilo	...das Kilo
l'uno/l'una	das Stück (m/f)
la rosa	die Rose
me ne dia sette	geben Sie mir 7 Stück
il caffè	der Kaffee
il bar	das Café
il conto	die Rechnung
l'arancia (f)	die Orange
la banana	die Banane
l'ananas (m)	die Ananas
il limone	die Zitrone
la pesca	der Pfirsich
la gazzosa	die Limonade
la coca-cola	das Coca-Cola
il tè	der Tee
con latte	mit Milch
un tè al limone	ein Tee mit Zitrone
una cioccolata	eine (heiße) Schokolade
un bicchiere di	ein Glas...
un gelato	ein Eis

Was kostet...?

Im Café

Obst kaufen

Alle Obstsorten sind mit Namen und Preis bezeichnet. Kannst du die Fragen unter dem Bild beantworten? (Du kannst auf Seite 45 nachschauen.)

Wie würdest du dem Marktmann sagen, dass du vier Zitronen, ein Kilo Bananen und eine Ananas möchtest? Wie viel kostet jede Obstsorte?

Che cosa costa due euro l'uno?
Che cosa costa due euro al chilo?
Che cosa costa tre euro al chilo?
Che cosa costa cinquanta cent?

Im Café bestellen

Hier sind einige leckere Sachen, die du vielleicht bestellen willst.

Monate, Jahreszeiten und das Datum

Hier findest du alles über die Namen der Monate und Jahreszeiten. Außerdem lernst du, nach dem Datum zu fragen.

Neue Wörter

il mese	der Monat
l'anno (m)	das Jahr
quanti ne abbiamo?	Welches Datum haben wir?
oggi	heute
il compleanno	der Geburtstag

Die Jahreszeiten

la primavera	der Frühling
l'estate (f)	der Sommer
l'autunno (m)	der Herbst
l'inverno (m)	der Winter

Die Monate

gennaio	Januar
febbraio	Februar
marzo	März
aprile	April
maggio	Mai
giugno	Juni
luglio	Juli
agosto	August
settembre	September
ottobre	Oktober
novembre	November
dicembre	Dezember

Die Jahreszeiten

Erster, zweiter, dritter ...

il primo (m), la prima (f)	1.
il secondo/la seconda	2.
il terzo/la terza	3.
il quarto/la quarta	4.
il quinto/la quinta	5.
il sesto/la sesta	6.
il settimo/la settima	7.
l'ottavo/l'ottava	8.
il nono/la nona	9.
il decimo/la decima	10.

Weiter gehts mit dem jeweiligen **Zahlwort minus Schlussvokal plus -esimo. Undici: undicesimo** (11.).

Jnd die anderen Monate? An welcher Stelle kommen sie?

Das Datum

Das Datum schreiben

Merke: Der Monatsname wird kleingeschrieben, das Tagesdatum bekommt keinen Punkt, spricht sich aber **il primo, il due** etc.

Wann hast du Geburtstag?

Wann ist ihr Geburtstag?

Unter den Bildern steht, an welchem Tag die Kinder Geburtstag haben. Kannst du auf Italienisch sagen, wann das ist? Z. B. **Il compleanno di Giulia è il due aprile.** (s. S. 45)

Giulia	Massimo	Elena	Clara	Claudio	Enzo
2 aprile	21 giugno	18 ottobre	31 agosto	3 marzo	7 settembre

Farben und Zahlen

Farbbezeichnungen sind wie Adjektive beschreibende Wörter; aber nur einige von ihnen ändern ihr Geschlecht mit dem Wort, das sie beschreiben:

Die Farben

rosso/a blu giallo/a verde arancione rosa nero/a bianco/a grigio/a marrone

Welche Farbe hat…?

Decke das obere Bild zu und versuche zu sagen, welche Farbe jeder Gegenstand auf dem Bild rechts hat. Die nötigen Wörter kennst du.*

Zahlen

Im Italienischen zählt man von 30–90 auf die gleiche Weise wie von 20–29. Vor die Hunderter kommen die Zahlen von 2–9.

Vor den Tausendern stehen die Zahlen von 2–999, aber Achtung: **mille** wird zu **mila** (Plural).

1	uno	11	undici	21	ventuno	40	quaranta
2	due	12	dodici	22	ventidue	50	cinquanta
3	tre	13	tredici	23	ventitre	60	sessanta
4	quattro	14	quattordici	24	ventiquattro	70	settanta
5	cinque	15	quindici	25	venticinque	80	ottanta
6	sei	16	sedici	26	ventisei	90	novanta
7	sette	17	diciassette	27	ventisette	100	cento
8	otto	18	diciotto	28	ventotto	200	duecento
9	nove	19	diciannove	29	ventinove	1000	mille
10	dieci	20	venti	30	trenta	2000	duemila

*Der Himmel heißt **il cielo.**

Die italienische Aussprache

Die folgende Liste bringt Buchstaben oder Buchstabenkombinationen, denen im Italienischen jeweils bestimmte Laute entsprechen. Die Liste ist also ein Aussprache Wegweiser. Aussprache und Sprachmelodie des Italienischen weichen erheblich von denen des Deutschen ab. Höre also italienischen Freunden zu, sooft du kannst. Höre italienische Radiosender oder Popmusik. Du wirst sehen, im Handumdrehen hast du gelernt, wie Italienisch klingt.

a	wie das „a" in „Anna": **Roma, pizza**
e	klingt wie das „e" in „keck": **ecco, spaghetti**
i	wie das „i" in „bitte": **italiano, sì, città**
o	klingt wie das „o" in „Sonne": **io, babbo, anno**
u	wie das „u" in „Mund": **uva, uno, tu**
ce, ci	klingt wie „tsche" oder „tschi" in dem Wort Tschechien oder in „hatschi": **ciao, cucina, mi piace**
ca, co cu	vor einem „a", „o" oder „u" wird „c" hart ausgesprochen, z. B. wie in „Kuchen" oder „Käse": **casa, cosa, scusi**
che, chi	auch vor „he" oder „hi" wird „c" hart ausgesprochen, wie in „Keks" oder „Kinder": **chiesa, che cosa, chi**
ge, gi	„g" vor einem „e" oder „i" klingt ganz weich wie „dsch" in „Dschungel": **gelato, mangiare, gennaio**
ga, gom gu, gr	vor „a", „o", „u" oder „r" wird „g" ganz hart ausgesprochen wie in „groß": **negozio, grazie**
ghe, ghi	ein „h" macht „g" hart vor „e" oder „i" wie in Spaghetti: **spaghetti**
gli	klingt wie „li" in „Million": **famiglia, gli**
ign	das „g" wird gar nicht gesprochen: **signora, signorina**
sce, sci	wie „sch" in „Schule": **pesce, piscina**
h	„h" wird nie gesprochen, also: **io ho** klingt „io o"

Sprachregeln

Jede Sprache folgt bestimmten Sprachregeln, Grammatik genannt. Du wirst das Italienische viel leichter lernen, wenn du seine wichtigsten Sprachregeln kennst. Dies ist der Grammatikstoff, den dieses Buch vermittelt.

Hauptwörter (Nomen)

Im Italienischen sind die Hauptwörter entweder maskulin oder feminin: (m) oder (f). Die meisten der m-Nomen enden auf **o.** Die meisten der f-Nomen auf **a.** Einige Hauptwörter enden auf **e** und sind entweder (m) oder (f). Der Plural wird bei den maskulinen Nomen gebildet, indem man die o-Endungen durch ein **i** ersetzt. Bei den femininen Hauptwörtern wird die **a**-Endung zu einer **e**-Endung.

	Einzahl		Mehrzahl	
(m)	**albero**	der Baum	**alberi**	die Bäume
	mobile	der Schrank	**mobili**	die Schränke
(f)	**finestra**	das Fenster	**finestre**	die Fenster
	televisione	der Fernseher	**televisioni**	die Fernseher

Der italienische Artikel bezeichnet immer das Geschlecht des zugehörigen Hauptwortes.

il, lo, la, l'

Die Artikel im Singular sind
il vor m-Nomen **(il tetto),**
lo vor m-Nomen, die mit s + Konsonant oder z beginnen **(lo steccato, lo zio),**
la vor f-Nomen **(la finestra)** und
l' vor m- und f-Nomen, die mit einem Vokal beginnen **(l'albero, l'insalata).**

i, gli, le

Die Plural-Artikel werden zu
i vor **il**-Nomen **(i tetti),**
gli vor **lo-** und (m) **l'**-Nomen **(gli steccati, gli alberi)** und
le vor **la-** und (f) **l'**-Nomen **(le finestre, le insalate).**

Einige Hauptwörter haben einen Akzent auf dem letzten Vokal. Diese Nomen verändern im Plural ihre Endungen nicht: **il caffè/i caffè, la città/le città.**

al, allo, all', alla, ai, agli, alle

Wenn auf **a** („in", „an", „auf", „nach", „ins", „zur") **il** folgt, verbinden sich die Wörter und werden zu **al:**

Marco è al mercato Marco ist auf dem Markt

Auf die gleiche Weise werden **a + lo** zu **allo:**

Il gatto è di fianco allo steccato Die Katze ist am Zaun

a + la werden zu **alla:**

Monica è alla stazione Monika ist am Bahnhof

a + l' werden zu **all', a + i** zu **ai, a + gli** zu **agli, a + le** werden zu **alle.**

del, dello, dell', della, dei, degli, delle:

Wenn auf **di** (des, der ...) **il** folgt, verbinden sich die beiden Wörter zu **del:**

il prezzo del pane der Preis des Brots

Auf gleiche Weise werden **di + lo** zu **dello, di + l'** zu **dell', di + la** zu **della, di + i** werden zu **dei, di + gli** zu **degli, di + le** zu **delle.**

Del und dello etc. bedeuten aber auch „etwas", „einiges", „ein wenig".

Lui mangia della carne er isst etwas Fleisch

Da (von, aus) + **il** werden zu **dal, da + lo** zu **dallo** etc.
In (in) + **il** werden zu **nel, in + lo** zu **nello** etc.
Su (auf) + **il** werden zu **sul, su + lo** zu **sullo** etc.

un, uno, una

Das Wort für ein, eine ist vor **il** und (m) **l'**-Wörtern **un, uno** vor **lo**-Wörtern und **un'** vor (f) **l'**-Wörtern:

un libro (m)	ein Buch
uno strumento (m)	ein Instrument
una mela (f)	ein Apfel
un'arancia (f)	eine Orange

Mein, dein

Das Wort für „mein" und „dein" ändert sich, je nachdem, ob ein m- oder f-Wort im Singular bzw. Plural folgt. Im Italienischen setzt man normalerweise den Artikel vor „mein" oder „dein":

il mio/il tuo libro	mein/dein Buch
la mia/la tua casa	mein/dein Haus
i miei/i tuoi fratelli	meine/deine Brüder

Eigenschaftswörter (Adjektive)

Ein Adjektiv beschreibt ein Hauptwort. Italienische Eigenschaftswörter verändern ihre Endungen, je nachdem, ob sie ein m- oder f-, ein Singular- oder ein Pluralwort beschreiben.

	Einzahl	Mehrzahl
(m)	**lui è alto** er ist groß	**i nonni sono alti** die Großeltern sind groß
(f)	**lei è alta** sie ist groß	**le zie sono alte** die Tanten sind groß

Einige Adjektive enden im Singular auf **e**, unabhängig davon, ob sie sich auf m- oder f-Wörter beziehen:

Mio nonno è inglese	mein Großvater ist Engländer
Mia nonna è inglese	meine Großmutter ist Engländerin

Diese Wörter enden im Plural auf **i:**

Gli amici sono inglesi	die Freunde sind Engländer
Le sorelle sono inglesi	die Schwestern sind Engländerinnen

Fürwörter (Pronomen)

Wie im Deutschen gibt es im Italienischen zwei Anredeformen: **tu** und **Lei**. **Tu** („du") sagt man, wenn man mit einem Freund oder mit Kindern spricht, **Lei** („Sie") heißt es, wenn man höflich sein möchte oder mit Leuten redet, die man nicht sehr gut kennt.

Pronomen werden häufig weggelassen. So heißt es einfach: **Mangio una mela**, „ich esse einen Apfel". Statt „er ist köstlich" sagt man auf Italienisch nur: **È deliziosa.**

Einzahl		Mehrzahl	
io	ich	**noi**	wir
tu	du	**voi**	ihr
lei/Lei	sie/Sie (höflich)	**loro**	sie
lui	er		

Tätigkeitswörter (Verben)

Italienische Verben verändern ihre Form, je nachdem welche Person etwas tut. Die meisten Verben folgen dabei regelmäßigen Schemata, je nach der Endung ihrer Grundform. Die in diesem Buch hauptsächlich verwendeten Verben enden auf **are**, wie **mangiare** (essen). Es gibt allerdings auch Verben, die dem nebenstehenden Schema nicht folgen, z. B. **avere, essere** und **andare.** Es ist am besten, diese Wörter, die so genannten „unregelmäßigen Verben", zu lernen, wenn man im Text auf sie stößt.

mangiare	essen
io mangio	ich esse
tu mangi	du isst (Freund wird ...!)
lui/lei mangia	er/sie isst
noi mangiamo	wir essen
voi mangiate	ihr esst
loro mangiano	sie essen

Non

Die italienische Verneinungsform **non** („nein") steht direkt vor dem Verb: **Io non suono il piano** („Ich spiele nicht Klavier"). Nur die besitzanzeigenden Fürwörter **mi** und **ti** etc. werden eingeschoben: **Non mi piace...** („Ich mag... nicht").

Reflexive Verben

Vor diesen Verben steht immer ein spezielles Pronomen. Statt „ich stehe auf" sagen die Italiener „ich stehe mich auf". Das Pronomen ändert sich entsprechend der Person, die gerade etwas tut, aber **mi** wird immer mit **io** kombiniert, **ti** mit **tu** etc.

alzarsi	aufstehen
io mi alzo	ich stehe auf
tu ti alzi	du stehst auf
lui/lei si alza	er/sie steht auf
noi ci alziamo	wir stehen auf
voi vi alzate	ihr steht auf
loro si alzano	sie stehen auf

Antworten

Seite 7

Wie heißen sie?

Lui si chiama Piero.
Lei si chiama Maria.
Loro si chiamano Paolo e Gianni.
Io mi chiamo... (dein Name).

Wer ist wer?

Michele spricht mit Gianni.
Anna spricht mit Valeria.
Michele ist neben dem Seehund.
Gianni spricht mit ihm.
Anna ist im Bild ganz vorne in der linken Ecke.
Der Mann, der mit Nicola spricht, geht nach Hause.

Erinnerst du dich?

Come ti chiami?
Io mi chiamo...
Questa è una mia amica. Si chiama Valeria.
Lui si chiama Daniele.

Seite 9

Erinnerst du dich?

un/il fiore, un/il gatto, un/l'albero, un/il nido, un/l'uccello, un/il tetto, il sole, una/la finestra, una/la macchina, un/il cane

Seite 11

Wer kommt woher?

Franz kommt aus Österreich.
Sie heißen Hari und Indira.
Lolita ist Spanierin.
Ja, Angus kommt aus Schottland.
Marie und Pierre kommen aus Frankreich.
János lebt in Budapest.
Budapest ist in Ungarn.

Erinnerst du dich?

Da dove vieni?
Io vengo da...
Io parlo italiano.
Tu parli italiano?

Seite 13

Wie alt sind sie?

Michele ist 13 Jahre alt.
Diana und Silvia sind 15.
Giulio ist 12.
Paolo ist 11.
Luca ist 9.
Lisa ist 5.

Wer hat welche Geschwister?

A = Diana und Silvia.
B = Luca.
C = Michele.
D = Giulio.
E = Paola.

Seite 17

Wo stecken sie alle?

Simone è in cucina.
Il nonno è nella stanza da pranzo.
La nonna è nel soggiorno.
La mamma è nella stanza da letto.
Il fantasma è nella stanza di Isabella.
Isabella è al piano di sopra.
Piero è in bagno.

Il nonno. Simone. Piero. Mamma.

Nella stanza da letto.
Nella stanza di Isabella.
Nella stanza da pranzo.
In bagno.
Nell'ingresso.

Erinnerst du dich?

Dove abiti?
Tu abiti in una casa o in un appartamento?
In campagna.
In città.
Io sono al piano di sopra.
Io sono in cucina.

Seite 19

Wo verstecken sie sich?

Il criceto è dentro il vaso.
Il gatto è dietro la televisione.
Il cane è dentro il mobile.
Il pappagallo è sopra lo scaffale.

Il serpente è sotto il divano.
La tartaruga è di fianco al telefono.

Seite 21

Wer mag was?

1. Diego
2. Gianni
3. Nonno

Seite 23

Wer sagt was?

«Ho fame.»
«Buon appetito!»
«Prego, serviti.»
«Mi puoi passare un bicchiere, per favore?»
«Vuoi ancora delle patate fritte?»
«Sì grazie. Mi piacciono le patate fritte.»
«No grazie. È abbastanza.»
«È delizioso.»

Seite 25

Was tun diese Leute?

A. Lui cucina.
B. Lui nuota.
C. Loro ballano.
D. Lei suona il violino.
E. Lui dipinge.

Seite 27

Marcos Tageslauf

1b, 2e, 3f, 4a, 5h, 6g, 7d, 8c.

Wie viel Uhr ist es?

A Sono le tre e cinque.
B Sono le undici e cinque.
C Sono le nove meno dieci.
D Sono le quattro meno un quarto.
E Sono le tre e venticinque.
F Sono le sette e mezza.
G Sono le tre.
H Sono le quattro.
I Sono le nove.
J È l'una e mezza.
K Sono le sette e cinque.
L Sono le dieci e mezza.
M Sono le sei.
N Sono le tre e trentacinque.
O Sono le due meno cinque.

Seite 29

Venerdì sera vado a ballare con Diego.
Gioco al tennis lunedì, mercoledì e domenica.
Vado al cinema mercoledì sera.
Martedì.
Domenica gioco al tennis.
La festa è alle sette.

Seite 33

Scusi, come si va al mercato?
Scusi, c'è un bar qui vicino?
È lontano?
Prenda la terza strada a sinistra, poi dritto.
Prenda la terza a destra, poi dritto. Il mercato è sulla sinistra.

Seite 37

Vorei quattro limoni, un chilo di banane e un ananas, per favore.
Cinquanta cent l'uno.
Due euro al chilo.
Due euro l'uno.
un ananas. le banane. l'uva e le pesche.
un limone.

Seite 39

Il compleanno di Giulia è il due aprile.
Il compleanno di Massimo è il ventuno giugno.
Il compleanno di Elena è il diciotto ottobre.
Il compleanno di Clara è il trentuno agosto.
Il compleanno di Claudio è il tre marzo.
Il compleanno di Enzo è il sette settembre.

Seite 40

La strada è grigia.
Il sole è giallo.
Il tetto è arancione.
Il cielo è blu.
I fiori sono rosa.
Il cane è marrone.
L'uccello è nero.
La macchina è rossa.
Gli alberi sono verdi.
La casa è bianca.

Alphabetische Wortliste

Adjektive und Fürwörter werden in der männlichen Einzahlform angeführt

a	in, an, auf ..., nach, ins, zur, bis
a piedi	zu Fuß
abbastanza	genug
abitare	wohnen
l'acqua (f)	das Wasser
l'aeroporto (m)	der Flughafen
affettuoso	freundlich
agosto	August
l'albergo (m)	das Hotel
l'albergo della gioventù (m)	die Jugendherberge
l'albero (m)	der Baum
gli alimentari	das Lebensmittelgeschäft
allora	dann (also)
alto	groß/hoch
altrettanto	gleichfalls
altro	mehr, sonst noch etwas
alzarsi	aufstehen
amare	lieben
l'amico/l'amica	der Freund/ die Freundin
l'ananas (m) (pl. gli ananas)	die Ananas
anche	und/auch
ancora	noch mehr
andare	gehen
l'anno (m)	das Jahr
l'appartamento (m)	die Wohnung
aprile	April
l'arancia (f)	die Orange (Frucht)
arancione (m/f)	orange (Farbe)
l'armadio (m)	der Kleiderschrank
arrivederci	Auf Wiedersehen!
ascoltare	hören
l'autunno (m)	der Herbst
l'Austria (f)	Österreich
avere	haben
avere fame	Hunger haben
il babbo	der Papa
il bagno	das Badezimmer
ballare	tanzen
la banana	die Banane
la banca	die Bank
il bar	das Café
basso	klein
basta così?	ist das alles?
bene	gut
bianco	weiß
il bicchiere	das Glas
biondo	blond
blu	blau
la buca delle lettere	der Briefkasten
buon appetito	Guten Appetit!
buonasera	Guten Abend
buongiorno	Guten Tag
buono	gut
il burro	die Butter
la cabina telefonica	die Telefonzelle
il caffè	der Kaffee
il càlcio	der Fußball
la campagna	das Land
il campeggio	der Campingplatz
il cane	der Hund
la carne	das Fleisch
la cartolina	die Postkarte
la casa	das Haus
castano	kastanienbraun
il castello	das Schloss
c'è	es gibt
la cena	das Abendessen
cercare	suchen
certo	gewiss, sicherlich
che cosa?	was ist das?
che ore sono?	wie spät ist es?
che peccato!	wie schade
chi?	wer?
la chiesa	die Kirche
il chilo	das Kilo
ci vediamo	auf bald
il cinema	das Kino
ciao	hallo, tschüs, Servus
la cioccolata	die (heiße) Schokolade
la città	die Stadt
la cocacola	das CocaCola
la colazione	das Frühstück
come stai?	wie gehts?
come ti chiami?	wie heißt du?
il comignolo	der Schornstein
il compleanno	der Geburtstag
comprare, comperare	kaufen
continuare	weitergehen
il conto	die Rechnung
cosa?	was?
costare	kosten
il criceto	der Hamster
la crostata di frutta	die Obsttorte
la cucina	die Küche
cucinare	kochen
da	von
dare	geben
davanti a	vor
delizioso	sehr gut, köstlich
dentro	innen, innerhalb
desiderare	wünschen
dicembre	Dezember
dietro	hinter
di fianco a	neben
di fronte a	gegenüber
dipingere	malen
di più	mehr/am meisten
il divano	das Sofa
domani	morgen
la domenica	Sonntag
dove	wo
e	und
ecco	hier ist, da ist
eccolo/a	da ist er, sie, es
essere	sein
l'estate (f)	der Sommer
l'euro	der Euro
la famiglia	die Familie
la fame	der Hunger
il fantasma	der Gespenst
fare	machen
fare colazione	frühstücken
fare la spesa	einkaufen gehen
la farmacia	die Apotheke
febbraio	Februar
la festa	die Party
la finestra	das Fenster
fino a	bis zum/zur
il fiore	die Blume
il formaggio	der Käse
la Francia	Frankreich
il fratello	der Bruder
la frutta	das Obst
il gabinetto	die Toilette
il garage (pl. i garage)	die Garage
il gatto	die Katze
la gazzosa	die Limonade
il gelato	das Eis
i genitori	die Eltern
gennaio	Januar

la Germania	Deutschland
giallo	gelb
giocare	spielen
giovane (m/f) (pl. giovani)	jung
il giovedi	Donnerstag
girare	abbiegen
giugno	Juni
grasso	dick
grazie	danke
grigio	grau
guardare	sehen, schauen
l'hamburger (m)	der Hamburger
in	in, nach
l'India (f)	Indien
l'Inghilterra (f)	England
inglese	englisch
l'inglese (m)	die englische Sprache
l'ingresso (m)	der Eingang
l'insalata (f)	der Salat
l'inverno (m)	der Winter
l'Italia (f)	Italien
italiano	italienisch
l'italiano (m)	die italienische Sprache
lą, li	da drüben
il latte	die Milch
lavorrare	arbeiten
lavorarre a maglia	stricken
leggere	lesen
il letto	das Bett
il limone	die Zitrone
il litro	der Liter
lontano	weit
luglio	Juli
il lunedi	Montag
ma	aber
il macellaio	der Metzger
la macelleria	die Metzgerei/ die Fleischerei
la macchina	das Auto
la madre	die Mutter
maggio	Mai
magro	dünn
male	schlecht
mamma	die Mama
mangiare	essen
marrone	braun
il martedd'	Dienstag
marzo	März
la mattina	der Morgen
la mela	der Apfel
il mercato	der Markt (der Marktplatz)
il mercoledd'	Mittwoch
il mese	der Monat
mezzanotte	Mitternacht
mezzogiorno	der Mittag
mezzo	halb
mi	mich, mir
mio	mein
mi piace	ich mag, mir gefällt
il mobile	der Schrank, das Möbelstück
il modellismo	das Modellbauen
molto	viel, sehr
il municipio	das Rathaus
la musica	die Musik
non ... né	weder ... noch
il negozio	der Laden
nero	schwarz
nessun(o)/a	kein/keine
il nido	das Nest
niente	nichts
nient'altro?	außerdem ... (sonst noch etwas?)
no	nein
non ... affatto	gar nicht, überhaupt nicht
la nonna	die Oma, die Großmutter
il nonno	der Opa, der Großvater
novembre	November
nuotare	schwimmen
nuovo	neu
o	oder
oggi	heute
l'ospedale (m)	das Krankenhaus
ottobre	Oktober
il padre	der Vater
il pane	das Brot
il panettiere	der Bäcker
il panificio	die Bäckerei
il panino	das Brötchen
papą	der Papa
il pappagallo	der Papagei
parlare	sprechen
le patate fritte	die Pommes frites
passare	einen Gegenstand reichen
la pesca	der Pfirsich
il pesce	der Fisch
il piano di sopra	das obere Stockwerk
la pianta	die Pflanze
il pianoforte	das Klavier
la piazza	der Platz
la piscina	das Schwimmbad
la pizza	die Pizza
un poco	ein bisschen
poi	dann
la poltrona	der Sessel
il pomeriggio	der Nachmittag
il pomodoro	die Tomate
la porta	die Türe
la posta	das Postamt (die Post)
il pranzo	das Mittagessen
prego	bitte schön
preferire	etwas bevorzugen, lieber mögen
prendere	nehmen
presto	bald
la primavera	der Frühling
primo	der Erste
pronto	bereit, fertig
proprio	gleich
il prosciutto	der Schinken
qualcosa	etwas
quando?	wann?
quanti?	wie viele?
quanti ne abbiamo?	welches Datum haben wir?
quanto?	wie viel?
quarto	viertel
quasi	fast
questo, quello	dieser, jener
qui	hier
il riso	der Reis
in riva al mare	am Meer
rosa	rosa
la rosa	die Rose
rosso	rot
il sabato	Samstag
la salsiccia	das Würstchen
lo scaffale	das Regal
la Scozia	Schottland
la scuola	die Schule
scusi	Entschuldigung
secondo	der Zweite
la sera	der Abend
il serpente	die Schlange
serviti	bedien dich
settembre	September
sì	ja
signora	Frau
signore	Herr

signorina	Fräulein
il sole	die Sonne
solo	nur
il soggiorno	das Wohnzimmer
sopra	oben, über, auf
soprattutto	besonders
la sorella	die Schwester
sotto	unter
gli spaghetti (pl)	die Spaghetti
la Spagna	Spanien
lo sport (pl. gli sport)	der Sport
la stanza	das Zimmer
la stanza da letto	das Schlafzimmer
la stanza da pranzo	das Esszimmer
stare bene	wohlauf sein
stasera	heute Abend
la stazione	der Bahnhof
la stazione di servizio	die Tankstelle
lo steccato	der Zaun
la strada	die Straße
lo strumento musicale	das Musikinstrument
su	auf, über
sulla destra/sinistra	rechts/links
il succo	der Saft
suonare	Musik machen, spielen
il supermercato	der Supermarkt
il tappeto	der Teppich
la tartaruga	die Schildkröte
la tavola	der Tisch
il tè	der Tee
tedesco	deutsch
il tedesco	die deutsche Sprache
la televisione	der Fernseher
il tempo libero	die Freizeit
la tenda	der Vorhang
il tennis	das Tennis
terzo	der Dritte
il tetto	das Dach
ti	dir, dich
la torta	der Kuchen
tra	zwischen
trovare	finden
tuo	dein
l'uccello (m)	der Vogel
l'ufficio del turismo (m)	das Fremdenverkehrsamt
un, una, uno	ein, eine
l'Ungheria (f)	Ungarn
l'uno/l'una (m/f)	das Stück
l'uovo (m) (pl. le uova, f)	das Ei, die Eier
l'uva (f)	die Trauben
va bene	in Ordnung
il vaso	die Vase
vecchio	alt
il venerdì	Freitag
venire	kommen
verde	grün
la verdura	das Gemüse
verso	so gegen
la via	die Straße
vicino	nahe bei
il violino	die Violine
volere	möchten, wollen
la zia	die Tante
lo zio	der Onkel

Bibliografische Information Der Deutschen Bibliothek

Die Deutsche Bibliothek verzeichnet diese Publikation in der Deutschen Nationalbibliografie; detaillierte bibliografische Daten sind im Internet über http://dnb.ddb.de abrufbar.

14 13 12 11 10 08 07 06 05

Titel der Originalausgabe: „Italian for Beginners"
Gesamtentwurf: Roger Priddy
Übersetzung und Bearbeitung der deutschen Ausgabe: Eva Angerer
Sprachliche Beratung: Patrizia Di Bello & Giorgio Chiosso
Umschlaggestaltung der deutschen Ausgabe: Romy Gallina
Produktion: Detlef Schuller, Katja Walter
ISBN 3-7607-4721-3

www.arsedition.de

Spielerisch Fremdsprachen lernen

Unsere Kinder sind Kinder Europas. Junge Menschen haben ein natürliches Interesse, den Kontakt zu Gleichaltrigen aufzunehmen, auch mit denen, die eine andere Sprache sprechen – zu Hause und besonders in den Ferien. Schon im Kindergarten- und Grundschulalter macht es ihnen Spaß, auf spielerische Weise Fremdsprachen zu lernen. Die Sprachbücher der arsEdition führen mit lustigen Bildern und lebendigen Dialogen in den alltäglichen Sprachgebrauch einer fremden Sprache ein – motivierend für Einsteiger jeden Alters.

Reihe	Zielgruppe	Umfang	€
Sprachbücher zum Wenden: Short Pony Stories mit CD, Vokabelliste und Lernspielheft	ab 9 J.	96 S.	**9,90**
Sprachbücher zum Wenden: Short Football Stories mit CD, Vokabelliste und Lernspielheft	ab 9 J.	96 S.	**9,90**
Englisch lernen mit Nick und Nelly, mit CD	ab 4 J.	48 S.	**14,90**
Französisch lernen mit Paul und Pauline, mit CD	ab 4 J.	48 S.	**14,90**
Mein erstes Lern-Spiel-Buch Englisch	ab 4 J.	20 S.	**9,90**
Paul's first things	ab 18 M.	14 S.	**5,90**
Bildwörterbücher	ab 10 J.	128 S.	**12,90**
außer Bildwörterbuch Deutsch	ab 4 J.	96 S.	**12,90**
Meine ersten Wörter und Sätze	ab 8 J.	48 S.	**10,90**
dazu Tonkassette Englisch	ab 8 J.	80 min.	**8,50***
Lustige Sprachrätsel	ab 10 J.	64 S.	**3,95**

* unverbindliche Preisempfehlung

ISBN 3-7607-**3994-6**

ISBN 3-7607-**3993-8**

ISBN 3-7607-**4812-0**

ISBN 3-7607-**4811-2**

ISBN 3-7607-**4802-3**

ISBN 3-7607-**7484-9**